AF391059

Succession de Feu M. RICHARD CAVARO

INTÉRESSANTE COLLECTION

D'ÉTOFFES ANCIENNES

Histoire des Tissus

depuis l'antiquité jusqu'aux temps modernes

CURIOSITÉS, TABLEAUX

Dessins provenant de l'Atelier de INGRES

ET ŒUVRES DE

Feu M. RICHARD CAVARO

Exposition publique

Le Jeudi 12 Juin 1890, de 1 heure 1/2 à 5 heures 1/2

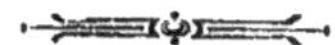

Commissaire-Priseur	*Expert*
Mᵉ Maurice DELESTRE	**M. B. LASQUIN**
Rue Drouot, nᵒ 27	Rue Laffitte, nᵒ 12

PARIS — 1890

IMPRIMERIE MAULDE ET RENOU

——

A. MAULDE & Cie

IMPRIMEURS DE LA COMPAGNIE DES COMMISSAIRES-PRISEURS

Rue de Rivoli, 144

CATALOGUE

D'UNE INTÉRESSANTE COLLECTION

D'ÉTOFFES ANCIENNES

Spécimens pour l'Histoire des Tissus

Soieries, Velours, Broderies, Guipures, Costumes, Tapisseries

depuis l'Antiquité, le Moyen âge et la Renaissance

jusqu'aux temps modernes

OBJETS D'ART ET CURIOSITÉS

ARMES, ÉTAINS, CUIVRES, BRONZES

Jolie Pendule Louis XVI

TABLEAUX ANCIENS

Dessins provenant de l'Atelier de INGRES

Dépendant de la Succession de **M. RICHARD CAVARO**

ET DONT LA VENTE AURA LIEU

PAR SUITE DE DÉCÈS

HOTEL DROUOT — SALLE N° 5

Les Vendredi 13 et Samedi 14 Juin 1890

A DEUX HEURES

Mᵉ Maurice DELESTRE	M. B. LASQUIN
Commissaire-Priseur	*Expert*
Rue Drouot, n° 27	Rue Laffitte, n° 12

CHEZ LESQUELS SE TROUVE LE PRÉSENT CATALOGUE

EXPOSITION PUBLIQUE

Le Jeudi 12 Juin 1890, de 1 heure 1/2 à 5 heures 1/2

PARIS — 1890

CONDITIONS DE LA VENTE

Elle sera faite au comptant.

Les Acquéreurs paieront CINQ POUR CENT en sus des enchères, applicables aux frais.

L'Exposition mettant le Public à même de se rendre compte de l'état des Objets, il ne sera admis aucune réclamation une fois l'adjudication prononcée.

NOTA

M. RICHARD CAVARO, auteur de plusieurs ouvrages sur l'histoire du Costume et des Tissus, avait laissé de nombreuses notes sur les objets composant sa collection; nous n'avons pu mieux faire que de conserver le classement que lui-même avait établi et de reproduire dans le présent Catalogue les renseignements dus à sa haute érudition.

L'ordre du Catalogue sera suivi autant que possible.

A. MAULDE et Cie, imprimeurs de la Compagnie des Commissaires-Priseurs, rue de Rivoli, 144.   400—6463

COLLECTION

D'ÉTOFFES ANCIENNES

DÉSIGNATION

VÊTEMENTS ET ÉTOFFES ANTIQUES

ÉGYPTE

1 — Vêtement égyptien porté principalement par les femmes. Cette curieuse étoffe qui semble empruntée à la toison des agneaux, était originaire d'Asie, on la retrouve dans [les terres cuites de la Chaldée (de la Babylonie); elle fut importée en Égypte, à l'époque des conquêtes de Thoutmès III, xviiie dynastie.

Ce vêtement d'une étonnante conservation, a été trouvé dans un tombeau de la province de Fay-Oum, il remonterait à environ 715 ans avant notre ère.

2-3 — Deux Broderies provenant d'un vêtement semblable, même provenance.

4 — Bandes brodées en laine qui décoraient une tunique. Ce travail ressemble beaucoup au point des Gobelins. Époque Saïte, 665 avant Jésus-Christ.

5 — Bande d'un travail très fin. Cette étoffe doit appartenir au second siècle de l'ère chrétienne.

6-7 — Bordures d'une tunique, ornementation formée de croix. Travail égyptien du iv° siècle, époque chrétienne.

8 — Morceaux de Toile, de différentes époques, trouvés dans les tombeaux égyptiens de la province de Fay-Oum.

BRODERIES ET ÉTOFFES GRECQUES

9 — Superbe Broderie formant le devant d'une tunique; dans le haut : Actéon et Phébé.

Cette pièce curieuse est de basse lisse, car ces broderies sont de véritables tapisseries. Elle provient d'un lambeau de la partie de la Cyrénaïque qui avoisinait l'Egypte. iii° siècle.

10-11-12 — Superbes Broderies d'une conservation remarquable, elle ornait une *toga Picta* ou toge triomphale que les consuls ou les bréteurs portaient quand ils présidaient les Jeux.

Ces trois pièces qui proviennent d'un tombeau de la Cyrénaïque, ne doivent pas être postérieures à la seconde moitié du iii° siècle.

ÉTOFFES ET BRODERIES BYZANTINES

13-16 — Toge triomphale, paragande et fragments, de travail byzantin du vii° siècle, provenant des tombeaux de Nicée et de Smyrne.

17 — Superbe fragment d'une Robe impériale, en pourpre violette avec filets blancs. ixᵉ siècle.

18-20 — Haut d'une tunique, un fragment et deux manches, provenant de la tunique d'un évêque byzantin, du viiᵉ siècle.

21-22 — Deux Fragments de tunique, de travail byzantin du ivᵉ au vᵉ siècle.

23-24 — Deux Fragments, de travail byzantin du xiᵉ siècle.

BRODERIES ANTIQUES DE LA PERSE

25-27 — Colombes couronnées de la tiare des rois de Perse, époque Sassanide. viiᵉ siècle.

CHINE ANTIQUE

28 — Tapisserie de soie chinoise, type des étoffes tissées de haute lisse.

CAMBODGE, ART KHMER

29 — Brocart d'or broché d'argent et de soie. Travail de l'ancien art Khmer.

TISSUS ET BRODERIES
DU XIIᵉ ET DU XIIIᵉ SIÈCLE

3o — Tissus à chaîne de fil broché de soie bleue et de fils d'argent, à fleurons sous une ogive surmontée des noms Jésus-Maria. Travail français du xiiiᵉ siècle (Ancienne collection DUPONT-AUBERVILLE).

3ı — Mouchoir de mariage d'une impératrice d'Alle-
magne, tissu de soie brodé d'or et d'argent ; des
aigles à double tête forment les coins et le milieu et
alternent dans des rinceaux avec des licornes, em-
blèmes de la chasteté. Travail allemand du xiiie siècle.
Pièce très rare.

3ₐ — Très ancien Tissu de soie violette lamé d'argent,
provenant de la cathédrale de Sienne. Travail oriental, probablement persan, fin du xiiie siècle ou premières années du xive. Gravé (Ancienne collection
Dupont-Auberville).

ÉTOFFES, VELOURS ET BRODERIES

DU XIVe ET DU XVe SIÈCLE

33 — Deux pièces réunies Soierie de Lucques à fond
rouge brochée de jaune, représentant des lions couronnés et des pélicans affrontés dans des meneaux.
Italie milieu du xive siècle.

34 — Soie bleue foncée, brochée d'argent, un fleuron
dans un rectangle. Italie, fin du xive siècle (Collection Dupont-Auberville).

35 — Velours cramoisi. Type de la feuille lobée gothique. Venise, fin du xive siècle.

36 — Gouttière ou lambrequin de lit aux armes de Florence, brodée en fils d'or et d'argent sur damas
rouge. Provenant du couvent de Santa-Maria-
Novella, à Florence. Italie, xive siècle. Ces broderies
ont été reportées sur damas au xiie siècle.

37-38 — Armoiries de la République Florentine.

39 — Velours cramoisi sur fond d'or, type de l'aster
bercelé d'argent. Travail oriental du xve siècle.

40 — Parement d'autel à fond plein or avec grenade en
velours, coupé cramoisi, contretaillé et dessin au
trait enrichi de bouclé d'or. Spécimen du xve siècle.

41-46 — Echantillons et fragments de satin bleu de
damas jaune et vert et belle bande d'orfroi, de travail italien du xve siècle.

47-49 — Trois Pièces de velours oriental du xve siècle.

50 — Grande Pièce de velours vénitien imité des velours
à meneaux couronnés orientaux. Premières années
du xvie siècle.

51 — Fragment d'une robe brodée d'or fin, à fleurs de
lis blanches et noires. Fin du xve siècle (Collection
Dupont-Auberville).

52-53 — Fragment d'une Cotte d'armes. — Orfroi. —
Brocatelle hispano-moresque. Fin du xve siècle. —
Portière de soie pourpre-violette, brochée d'or avec
colombes, de travail persan de la fin du xve siècle.

SOIERIES ET VELOURS

DU XVIe SIÈCLE

54 — Très beau spécimen de brocatelle brochée de
métal à deux effets d'or et d'argent sur fond vert.
Type da la grenade bercelée. Travail vénitien (Collection Dupont-Auberville).

55-62 — Diverses Brocatelles de nuances variées. Types
de la grenade bercelée, ou vase bercelé, fleurons
à meneaux, etc. (Les nos 57 et 59 provenant de la
collection Dupont-Auberville.)

63 — Fragment tissé d'or d'une robe ayant appartenu
à Marguerite de Valois, sœur de François Ier, con-

servéc autrefois dans le trésor de l'église Saint-Léonard d'Alençon comme couvre-autel. Travail français (Des anciennes collections du Dr Léger, d'Alençon et Dupont-Auberville).

64-71 — Etoffes de soie brochées d'or et tissées d'argent. — Brocatelles d'argent lamées d'argent. — Soie brochée imitant des plumes de paon, etc.

72-73 — Deux Mouchoirs de mariage, broderie en soie et or sur fond de toile, de travail vénitien.

74 — Broderie sur satin, représentant le Sommeil de l'Enfant Jésus, d'après un dessin de Michel-Ange.

75 — Satin rose broché d'or et d'argent et de soie verte, probablement devant de robe de cour. France, seconde moitié du XVIe siècle.

76-77 — Deux Gouttières de lit en satin brun surtaillé en soie de couleurs, entrelacs et pourfilures de cordonnet.

78-79 — Étoffe tissée d'or avec aster en soie verte. Italie, XVIe siècle.

80 — Satin vert broché ton sur ton, type du fleuron. Italie, XVIe siècle.

81 — Satin broché violet pourpre avec dessin jaune clair montrant la transition du type bercelé au type de la branche écottée. Première partie du XVIe siècle. (Collection Dupont-Auberville).

82-90 — Satin rouge broché vieil or, type de la branche écottée. France, XVIe siècle. — Satin bleu broché vieil or, type de la branche écottée. Italie XVIe siècle. — Damas vert à dessin de feuilles vieil or, type de la branche de chêne, 1525-1580. — Soie rouge brochée de soie blanche, type de *S* renversé, avec fleuron, 1550-1576, Gênes, Lyon, Venise, gravé dans l'ouvrage de M. Dupont-Auberville. — Damas de soie violet avec dessin au violet clair, type de la branche coupée. — Damas blanc ton sur ton. — Damas rouge, etc.

91 — Grande pièce de Brocart blanc et or, type de la grenade bercelée à fleuron et fleurs de lys. France et Toscane, milieu du xviᵉ siècle.

92-103 — Brocatelle. — Damas blanc. — Satin broché. — Soie verte brochée, etc. — Dessins divers de la branche liée, fleurons et fleurs opposées, compartiments géométriques, etc. Le nᵒ 95 gravé dans l'ouvrage de M. Dupont-Auberville.

104-110 — Velours vert sur fond de satin rose, 1525-1580. — Velours fond d'or à feuilles de chêne. — Velours fond violet clair, dessin violet foncé rehaussé d'un filet vert. (Collections du baron Davillier et de M. Dupont-Auberville, gravé dans son ouvrage). — Velours rouge sur satin crème. — Velours violet sur fond vieil or. Ce velours est en partie bouclé et en partie taillé, Vienne, 1550. (Collection Dupont-Auberville). — Velours vert sur fond blanc. — Velours vert sur fond vieil or, 1525-1580.

111-113 — Gouttière de lit en drap rouge, surtaillée en velours noir et pourfilée de soie jaune, type du vase de fleurs. France, 1525-1550. — Gouttière de lit sur drap rouge surtaillée de velours noir. Époque Henri II.

114 — Fragment de Pourpoint en soie rouge soutachée d'or. France, xviᵉ siècle.

115 — Deux Bandes de satin blanc, surtaillées de soie et de velours de couleur, liserées et pailletées d'or,

type du vase de fleurs. Gravé dans l'ouvrage de M. Dupont-Auberville. Espagne.

116-125 — Bande en velours bleu brodée d'or et d'argent. — Bande de satin rouge. — Étole et manipule en broderie d'or sur satin blanc. — Devant de chasuble, etc. xvie siècle.

VÊTEMENTS

125 — Cape de velours noir coupé, type du vase à fleurs d'un très riche décor, cette étoffe a été tissée et décorée pour la forme du vêtement. Pièce très rare et d'une superbe conservation, de fabrication espagnole vers 1572.

SOIERIES ET BRODERIES D'AMEUBLEMENT

126 — Beau Couvre-Pied en satin crème brodé de soies, imitation vénitienne des broderies chinoises, fin xvie siècle.

127-134 — Broderies italiennes et espagnoles du xvie siècle.

ÉPOQUE DE TRANSITION — RÈGNE DE HENRI IV

135-155 — Velours violet. — Velours vert coupé. — Velours grenat, dernier type de la branche tronquée. — Velours jaune coupé sur satin. — Velours rouge sur fond d'or, type des fleurons fleurdelisés, travail français des premières années du xviie siècle. — Velours rouge surtaillé de drap d'or. — Soierie rouge sur fond d'or, type des oiseaux affrontés renouvelé du xive siècle. — Soie verte, ras de Sicile imité du xive siècle. — Damas rouge, type imité du xive siècle, lions affrontés Hollande et Italie. — Soie bleue. — Etoffe lamée d'or, type des volutes enroulées. — Soie crème avec semis de fleurs. — Echantillons divers de la fin du xvie et commencement du xviie siècle.

XVIIe SIÈCLE

RÈGNES DE LOUIS XIII ET DE LOUIS XIV

156-173 — Etoffe lamée d'or, type des volutes enroulées. — Magnifique Etoffe vénitienne rose vif à deux tons brochée d'or. — Lampas. — Soierie diverses. — Damas de Lyon. — Satin broché d'or. — Satins brochés, etc.

174 — Premiers essais des Soieries à dentelle et à semis de fleurs avec dauphine ; cette mode qui se continua pendant près d'un siècle fut inventée par un nommé Lacouture, tailleur, couturier de la grande Dauphine vers 1683.

175-190 — Broderies diverses au cordonnet, au lacis, au passé. — Lampas. — Tapisseries au point. — Damas, etc.

191-211 — Lampas. — Satins. — Brocarts. — Soieries diverses du xviie siècle.

212 — Grand Panneau de velours de Gênes rouge sur fond blanc.

XVIIIe SIÈCLE

213-262 — Soieries diverses de l'époque Louis XIV et de la Régence. — Gros de Tours.

263 — Lampas tissé de Philippe de la Salle pour la reine de Naples, formant l'un des panneaux du salon

d'Hercule et d'Omphale au château royal de Naples, Lyon 1775.

264-273 — Taffetas. — Carette brochée. — Droguet. — Brocatelle. — Echantillons divers.

TISSUS DE L'ORIENT

VELOURS, TISSUS ET BRODERIES

274-360 — Tapis de prière en velours persan du xvᵉ ou xviiiᵉ siècle. — Velours de Scutari. — Tapis indien. — Broderies sur toile. — Etoffes diverses de la Perse et de l'Inde. — Etoffes de soie peinte. — Satins. — Broderies sur mousseline d'art oriental. — Broderies bulgares et turques.

361-400 — **Tissus** et **Broderies** d'art arabe, **tissus** de la **Chine** et **Japon**.

BRODERIES SUR TOILE, LINGERIE, GUIPURES ET DENTELLES EUROPÉENNES

DES XVᵉ, XVIᵉ ET XVIIᵉ SIÈCLES

401 — Petite Nappe d'autel ornée d'une broderie en soie jaune sur tissu de fil, représentant des lions affrontés. Travail fait dans les couvents de la Sicile, xvᵉ siècle.

402-439 — Nappes d'autel en broderie et guipure. — Voiles de calice. — Guipures et Filets de Venise. — Échantillons de différentes broderies russes et hongroises. — Point de Venise à fils tirés. — Manchettes en vieux point de Malines. — Col en vieux point de Gênes. — Barbe en vieux point de France.

440 — Grande Nappe damassée représentant la bataille de Fontenoy, tissée aux armes de France et à celles

du Dauphin, offerte au roi Louis XV par la Ville de
Tournay; c'est le premier service damassé qu'on aie
vu en France, 1745.

IMPRESSIONS SUR ÉTOFFES

441-473 — Toiles peintes de l'Inde et de la Perse. —
Toile peinte au poncis, fabrication française. —
Spécimen de Toiles peintes pour tentures, 1715 à
1725. — Imitation des Toiles peintes de la Perse, de
la fabrique de Fagon au Petit-Château, près Rouen,
1732. — Premières Étoffes de coton appelées indiennes, de la fabrique de Rouen, vers 1732. — Spécimen
de la fabrique de Marseille et de Gênes. — Indienne
de Boudeville, près Rouen, de la fabrique de Frayet
et Pourchet, les plus belles qui aient été faites, 1760.
— Indiennes d'Alsace.

474-490 — Toile de Jouy-en-Josas : Oberkampf donnant
des ordres à ses ouvrières, curieux détails de la
fabrication à cette époque. — Couvre-Lit en Toile de
Jouy sur les dessins de Huet et de Fragonard. —
Différents échantillons de Toile de Jouy, 1772-1836.

TAPISSERIES

491 — Belle Tapisserie des Gobelins représentant
Neptune et Amphitrite, dessinée par Lebrun, gravée
dans les tapisseries du cabinet du roi Louis XIV,
vers 1662.

492 — Tapisserie d'Arras, époque de Charles IX,
représentant des personnages romains, belle bor-
dure.

493 — Tapisserie flamande de l'époque Louis XIII,
représentant des scènes du Roman de l'Astrée.

494 — Bordures de la même époque.

495 — Tapisserie de Beauvais, scène champêtre, le jeu du Colin Maillard.

496-504 — Divers Tapis d'Orient.

BRONZES, CUIVRES, ÉTAINS, ARMES, FERS, ÉMAUX

PORCELAINES ET FAIENCES ANCIENNES, GRÈS

FLAMBEAUX-CASSOLETTES LOUIS XVI

Jolie Pendule Louis XVI en bronze ciselé et doré et marbre blanc

D'après une note laissée par M. R. CAVARO, cette Pendule était celle du boudoir de Mme Du Barry, au château de Louveciennes, elle a été achetée à la vente en 1792. Les bronzes seraient de Goutière.

TABLEAUX ANCIENS DE L'ÉCOLE GOTHIQUE

DESSINS PROVENANT DE L'ATELIER INGRES

DESSINS ANCIENS ET MODERNES

ŒUVRES DE M. RICHARD CAVARO

Tableaux, Études et Esquisses.

Copies, d'après les Maîtres.

Quantité de Dessins et Études en cartons.

USTENSILES D'ATELIER D'ARTISTE PEINTRE

www.ingramcontent.com/pod-product-compliance
Lightning Source LLC
LaVergne TN
LVHW020850200726
843508LV00003B/1127